LE CORDON BLEU

· RÉGIONS DE FRANCE ·

KÖNEMANN

sommaire

✸ *facile* ✸✸ *demande un peu d'attention* ✸✸✸ *difficile*

Bouillabaisse

Ce plat marseillais par excellence permettait aux familles de pêcheurs d'utiliser le poisson invendu sur le marché. On le faisait bouillir dans une marmite (d'où le nom « bouillabaisse », de « bouillir » et de « abaisser » ou réduire). Certains poissons de la liste ci-dessous ne sont pas toujours disponibles. On peut les remplacer par d'autres tout en respectant les quantités.

Préparation **1 heure**
Cuisson **1 heure 10 minutes**
Pour **4 à 6 personnes**

1 saint-pierre découpé en filets (réserver les arêtes)
2 soles découpées en filets (réserver les arêtes)
500 g de lingue ou de lotte en filets (réserver les arêtes)
1 petite brème découpée en filets (réserver les arêtes)
500 g de congre coupé en morceaux
2 gousses d'ail finement hachées
1 pincée de stigmates de safran
1 carotte, 1 fenouil et le blanc d'un poireau, coupés en bâtonnets (voir Conseil du chef)
24 fines tranches de baguette
3 gousses d'ail coupées en deux
Basilic frais haché pour garnir

BOUILLON
1 petit poireau, 1 oignon et 1 fenouil, coupés finement
1 branche de céleri coupée en tranches fines
2 gousses d'ail
2 cuil. à soupe de concentré de tomates
500 ml de vin blanc
1 pincée de stigmates de safran
2 brins de thym frais
1 feuille de laurier
4 brins de persil frais

ROUILLE
1 jaune d'œuf
1 cuil. à soupe de concentré de tomates
3 gousses d'ail écrasées en pâte
1 pincée de stigmates de safran
250 ml d'huile d'olive
1 pomme de terre d'environ 200 g cuite au four

1 Assaisonner les filets de poisson et le congre. Ajouter 3 cuillerées d'huile d'olive, l'ail haché, le safran, la carotte, le fenouil et le poireau. Couvrir et réfrigérer.

2 Pour préparer le bouillon, faire chauffer 3 cuil. à soupe d'huile d'olive dans une marmite à feu vif. Ajouter les arêtes de poisson et faire cuire pendant 3 min. Ajouter le poireau, l'oignon, le fenouil, le céleri et l'ail, faire cuire pendant 2 min. Délayer ensuite le concentré de tomates, faire cuire 2 min de plus. Ajouter le vin blanc et faire mijoter 5 min, puis y verser 1 litre d'eau, le safran, le thym, la feuille de laurier et le persil. Laisser mijoter pendant 20 min. Passer au tamis et appuyer sur les ingrédients solides avec une louche pour bien filtrer le jus. Verser ce bouillon dans une casserole et laisser mijoter pendant 15 min pour le faire épaissir légèrement, en écumant de temps en temps. Jeter le résidu de la passoire.

3 Pour préparer la rouille, fouetter un jaune d'œuf dans un petit bol et ajouter le concentré de tomates, le safran, un peu de sel et du poivre gris moulu. Continuer à battre tout en versant un filet d'huile dans le mélange. Mettre la pomme de terre épluchée dans une passoire tenue au-dessus de la rouille. Appuyer dessus pour écraser la pulpe et la battre avec le mélange.

4 Faire légèrement griller les tranches de baguette au gril préchauffé. Laisser refroidir et frotter les deux côtés d'ail coupé en deux.

5 Couper chaque filet en 6 morceaux et ajouter à la marmite avec les légumes en lamelles. Verser le bouillon chaud dessus et faire mijoter pendant 7 min, jusqu'à ce que le poisson soit cuit. Enlever le poisson et les légumes et les mettre dans un bol en terre cuite ou dans un plat en métal. Ajouter en fouettant trois cuillerées de rouille au bouillon, pour l'épaissir un peu et verser sur le poisson. Saupoudrer de basilic. Servir avec les croûtons à l'ail et le reste de rouille.

Conseil du chef Les légumes doivent être coupés en petits bâtonnets de la taille d'une allumette.

Salade niçoise

La salade niçoise est un plat typique du midi. Elle se compose habituellement de tomates, d'olives noires et de thon. À l'origine, cette salade ne contenait aucun légume cuit, mais récemment les chefs de différentes régions de France ont peu à peu adapté cette recette en ajoutant même des pommes de terre.

Préparation 40 minutes + 20 minutes de refroidissement
Cuisson 1 heure 20 minutes
Pour 4 personnes

200 ml d'huile d'olive
1 feuille de laurier
4 brins de thym frais
1 morceau de thon d'environ 400 g, sans peau
300 g de pommes de terre
240 g de haricots verts
50 ml de vinaigre de vin blanc
1 poivron vert coupé en julienne (voir Conseil du chef)
1 poivron rouge coupé en julienne
2 oignons rouges finement émincés
1 laitue
4 tomates coupées en quartiers
4 œufs durs coupés en quartiers
50 g d'anchois égouttés
30 olives noires

1   Préchauffer le four à 150°. Dans une casserole, mettre l'huile, la feuille de laurier, le thym et le thon. Faire chauffer à feu doux pendant 5 min, puis faire cuire au four pendant 30 min, jusqu'à ce que le thon soit ferme au toucher. Laisser refroidir pendant 20 min dans l'huile, enlever le thon et le disposer sur une grille pour le faire égoutter. Laisser de côté.

2   Mettre les pommes de terre dans l'eau froide salée. Faire bouillir, continuer la cuisson pendant 35 min, jusqu'à ce que la pointe d'un couteau pénètre facilement dans la chair. Les enlever et laisser refroidir. Les éplucher et les couper en grosses rondelles.

3   Couper les bouts des haricots et les faire cuire dans de l'eau bouillante salée pendant 8 min, jusqu'à ce qu'ils soient bien tendres. Les faire refroidir dans l'eau froide et les égoutter.

4   Pour préparer la vinaigrette, mélanger le vinaigre et le sel et ajouter l'huile, peu à peu, en battant.

5   Verser un peu de vinaigrette dans la salade de pommes de terre, de haricots verts, de poivrons et d'oignons et assaisonner à volonté de sel et de poivre gris. Séparer le thon en morceaux et mélanger avec un peu de vinaigrette. Disposer quelques feuilles de salade sur chaque assiette et les morceaux de pommes de terre au milieu. Servir avec les haricots verts, les poivrons, les oignons et terminer avec le thon. Décorer de rondelles de tomates, de quartiers d'œufs durs disposés autour de l'assiette, des anchois et des olives. Arroser de vinaigrette ou servir à côté, dans un bol.

Conseil du chef les légumes doivent être coupés fins comme des allumettes, en julienne .

Moules marinières

C'est un des plats les plus classiques pour accommoder les moules : il suffit d'un peu de vin blanc, d'un ou deux oignons et de crème fraîche épaisse.

Préparation **15 minutes**
Cuisson **10 minutes**
Pour 4 personnes

60 g de beurre
2 oignons hachés
2 kg de moules nettoyées (voir page 63)
400 ml de vin blanc sec
1 feuille de laurier
1 gros brin de thym frais
200 ml de crème fraîche épaisse
60 g de persil frais haché

1 Dans une grande casserole, faire fondre le beurre, ajouter les oignons et faire cuire à feu moyen pour les ramollir et les rendre translucides. Remuer constamment pour qu'ils ne dorent pas. Ajouter les moules, le vin, la feuille de laurier et le thym. Couvrir et faire cuire à feu vif pendant 2 ou 3 min, en remuant la casserole de temps en temps, jusqu'à ce que les moules soient toutes ouvertes. Jeter les moules restées fermées.

2 Enlever les moules de la casserole, les mettre dans un bol et filtrer le liquide à travers un tamis. Réchauffer cette sauce dans une casserole. Ajouter la crème, le poivre gris fraîchement moulu et le sel à volonté. Présenter les moules dans quatre bols et verser la sauce dessus. Saupoudrer de persil haché.

3 Disposer un rince-doigts et un bol pour les coquilles et servir avec du pain chaud, croustillant, pour saucer.

Conseil du chef Les moules se conservent au maximum 12 heures au réfrigérateur. Les recouvrir d'un plat épais pour les garder fermées et humides.

Quiche lorraine

La recette de cette tarte originaire de Lorraine date du seizième siècle. Son nom vient de l'allemand « Kuchen »,
qui signifie « gâteau ». Une quiche peut se préparer avec toutes sortes de garnitures, mais une quiche lorraine
traditionnelle se prépare avec de la crème fleurette, des œufs et du bacon fumé.

*Préparation **30 minutes + 40 minutes de réfrigération***
*Cuisson **55 minutes***
Pour 4 à 6 personnes

PÂTE
200 g de farine
1 cuil. à café de sel
100 g de beurre coupé en cubes
1 œuf

GARNITURE
180 g de lard fumé, dégraissé et coupé en julienne
  (voir Conseil du chef)
4 œufs
1 pincée de noix de muscade
250 ml de crème fleurette
80 g de gruyère râpé

1 Pour préparer la pâte, tamiser la farine et le sel et émietter le beurre du bout des doigts jusqu'à l'obtention d'une texture sablée. Creuser un puits au centre et y mettre l'œuf et 1 cuillerée à soupe d'eau. Bien mélanger pour former une boule de pâte. Couvrir de film plastique et réfrigérer pendant 30 min. Préchauffer le four à 180°.

2 Beurrer légèrement une tourtière à fond amovible de 24 cm de diamètre. Abaisser la pâte en un disque d'une épaisseur de 2 à 3 mm et en tapisser le moule. Égaliser les bords à l'aide du rouleau à pâtisserie. Laisser reposer au réfrigérateur pendant 10 min. Recouvrir avec une feuille de papier sulfurisé parsemée de haricots ou de grains de riz. Faire cuire 25 min au four.

3 Faire dorer le lard dans un peu d'huile et l'égoutter sur un essuie-tout. Fouetter trois œufs avec la noix de muscade, du sel et du poivre gris fraîchement moulu. Ajouter la crème et passer au tamis. Mettre au réfrigérateur.

4 Enlever les haricots ou le riz du papier sulfurisé. Battre le reste des œufs et badigeonner la pâte. La faire cuire au four pendant 7 min avant de la garnir, pour qu'elle n'absorbe pas trop le liquide de la garniture. Répartir le bacon et le fromage sur la pâte et verser le mélange d'œufs et de crème jusqu'aux trois-quarts de la hauteur du moule. Faire cuire 20 min au four, jusqu'à ce que la quiche soit dorée. Démouler et servir chaud.

Conseil du chef Couper les légumes et le lard fins comme des allumettes, en julienne.

Quenelles de brochet

Les quenelles sont des rouleaux ou des boulettes de viande ou de poisson que l'on fait pocher. Cette recette est à base de brochet, mais on peut aussi utiliser des truites ou tout autre poisson à chair blanche comme la sole ou le merlan.

Préparation **1 heure 30 minutes + réfrigération**
Cuisson **2 heures**
Pour **4 personnes**

MOUSSE DE BROCHET
400 g de brochet découpé en filets, sans la peau et
coupé en morceaux
2 blancs d'œufs
350 ml de crème fraîche épaisse

SAUCE À L'ÉCREVISSE
3 cuil. à soupe d'huile
20 écrevisses
2 cuil. à soupe d'échalotes finement hachées
4 cuil. à soupe d'oignons finement hachés
1 cuil. à soupe de céleri finement haché
2 cuil. à soupe de cognac
2 cuil. à soupe de concentré de tomates
1 litre de fumet de poisson ou d'eau
1 bouquet garni (voir page 63)

SAUCE BÉCHAMEL
40 g de beurre
2 cuil. à soupe de farine
500 ml de lait
1 pincée de noix de muscade moulue

1   Pour préparer les quenelles de brochet, passer le poisson au mixeur avec 1/4 de cuil. à café de sel. Mixer par à-coups, en appuyant sur le poisson de temps en temps avec une spatule. Ajouter les blancs d'œufs et de nouveau, mixer par à-coups de 5 secondes, en appuyant sur le poisson. Ne pas trop travailler le mélange pour qu'il ne devienne pas caoutchouteux, mais au contraire, bien onctueux. Verser cette mousse dans un bol, couvrir et mettre au réfrigérateur.

2   Pour préparer la sauce aux écrevisses, faire chauffer l'huile dans une grande casserole, ajouter les écrevisses et faire cuire à feu vif jusqu'à ce qu'elles rougissent. Les sortir de la casserole et les écraser avec un rouleau à pâtisserie. Les remettre dans la casserole et faire cuire 2 min de plus. Ajouter le concentré de tomates et faire cuire pendant 3 min en remuant constamment. Ajouter le fumet de poisson, le bouquet garni et faire cuire à feu moyen pendant 30 min, en écumant de temps en temps la surface. Passer au tamis et verser dans une casserole. Faire cuire encore pendant 30 min, jusqu'à ce que le volume ait réduit de 2/3.

3   Mettre le bol contenant le brochet dans un bol rempli de glace. Ajouter la crème fraîche par grosses cuillerées, en battant bien à chaque fois. Couvrir et réfrigérer pendant 30 min.

4   Pour préparer la sauce béchamel, faire fondre le beurre dans une casserole et verser la farine en remuant. Faire cuire à feu doux pendant 2 min et laisser refroidir complètement. Après avoir fait bouillir le lait aromatisé de noix de muscade, ajouter au mélange de farine et de beurre, en battant, et laisser mijoter 10 min à feu doux, en remuant de temps en temps. Verser graduellement la sauce aux écrevisses dans la béchamel en fouettant constamment. Faire mijoter pendant 5 min. Assaisonner et garder chaud.

5   Préchauffer le four à 200°. Beurrer un grand plat à four, le saupoudrer de sel et de poivre fraîchement moulu. Former les quenelles en suivant la méthode indiquée page 62 (voir *Techniques du chef*) et réfrigérer pendant 20 min.

6   Recouvrir les quenelles d'eau bouillante et les laisser mijoter pendant 10 min en ne les retournant qu'une fois. Lorsqu'elles sont fermes, les enlever de la casserole, bien les égoutter et les disposer dans le plat.

7   Verser la sauce béchamel sur les quenelles et mettre au four pendant 10 min, jusqu'à ce qu'elles soient bien dorées.

Gnocchi à la parisienne

Les gnocchi italiens sont une sorte de petite boulette de pommes de terre ou de semoule. La recette suivante présente des gnocchi plus légers car ils sont fait en pâte à choux.

Préparation **30 minutes**
Cuisson **40 minutes**
Pour 4 personnes, en hors-d'œuvre

❀ ❀

PÂTE À GNOCCHI
1 pincée de noix de muscade moulue
30 g de beurre
65 g de farine
2 œufs battus
15 g de gruyère râpé

SAUCE BÉCHAMEL
15 g de beurre
2 cuil. à soupe de farine
250 ml de lait
100 g de jambon haché
50 g de gruyère râpé

1 Pour préparer la pâte à gnocchi, mettre la noix de muscade, le beurre, du sel et du poivre dans une casserole contenant 125 ml d'eau et porter à ébullition. Tamiser la farine et mélanger avec une cuillère en bois, jusqu'à l'obtention d'une boule de pâte qui se détache des parois de la casserole. Verser dans un bol, laisser refroidir et ajouter les œufs, un à un, en battant bien à chaque fois, pour obtenir une consistance très lisse. Ajouter le fromage.

2 Pour préparer la sauce béchamel, faire fondre le beurre dans une casserole à feu doux et ajouter la farine. Remuer pour obtenir une pâte onctueuse et faire cuire pendant 3 min. Enlever du feu et laisser refroidir. Dans une autre casserole, faire bouillir le lait et ajouter au mélange refroidi en fouettant. Porter à ébullition lentement, en remuant constamment pour éviter de faire des grumeaux. Enlever du feu et ajouter le jambon et le fromage. Assaisonner de sel et de poivre gris.

3 Préchauffer le four à 160°. Faire bouillir une casserole d'eau salée et préparer un grand bol d'eau froide. Mettre la pâte dans une poche munie d'une douille ronde de taille moyenne et verser des petits gnocchi de 2 cm de long dans l'eau bouillante (couper la pâte avec un couteau). Lorsque les gnocchi remontent à la surface, faire cuire 30 secondes de plus. Retirer de l'eau chaude et verser dans l'eau froide. Égoutter sur un torchon propre.

4 Beurrer un plat à four et le saupoudrer de sel et de poivre fraîchement moulu. Verser environ 1/4 de sauce béchamel dans le plat et répartir les gnocchi. Verser à nouveau de la sauce et disposer une autre couche de gnocchi. Finir en recouvrant de sauce. Laisser cuire au four pendant 10 min. Pour faire dorer le dessus du plat, continuer quelques min à 200°.

Coquilles Saint-Jacques à la provençale

Que serait la cuisine provençale sans l'ail, les tomates et l'huile d'olive ? Ces produits typiquement méditerranéens lui donnent toute sa personnalité.

Préparation **50 minutes**
Cuisson **30 à 35 minutes**
Pour **4 personnes**

2 cuil. à soupe d'huile d'olive
1 petit oignon finement haché
600 g de tomates épluchées, épépinées et coupées en dés
1 cuil. à soupe d'huile
50 g de beurre
20 coquilles Saint-Jacques (environ 440 g), sans les coquilles et bien nettoyées (voir page 63)
8 gousses d'ail finement hachées
1 cuil. à soupe de persil frais finement haché
1 cuil. à soupe de chapelure
Persil frais pour garnir

1 Dans une poêle antiadhésive, faire chauffer l'huile d'olive à feu doux et y faire fondre l'oignon haché pendant 5 min, jusqu'à ce qu'il soit translucide. Ajouter les tomates et faire cuire sans couvrir, pendant 20 min, en remuant de temps en temps, jusqu'à ce que le mélange soit épais et pulpeux.

2 Dans une poêle antiadhésive, faire chauffer l'huile et le beurre à feu vif. Lorsque le beurre a fondu et qu'il commence à grésiller, ajouter les coquilles Saint-Jacques et faire frire à feu vif 2 min de chaque côté. Enlever de la poêle et égoutter sur un essuie-tout. Éteindre le feu et verser l'ail dans l'huile chaude. Remuer. Ajouter le persil et la chapelure. Bien mélanger.

3 Pour servir, faire un petit tas de tomates cuites au centre de l'assiette et disposer cinq coquilles Saint-Jacques tout autour. Ajouter le mélange d'ail, de persil et de chapelure et servir immédiatement. Garnir de feuilles de persil.

Estouffade de bœuf aux olives

Une estouffade est une sorte de daube. Les ingrédients (bœuf, vin, carottes et oignon) cuisent très lentement.
On ajoute des olives pour lui donner sa saveur provençale.

*Préparation **40 minutes***
*Cuisson **2 heures 30 minutes***
*Pour **4 à 6 personnes***

2 kg de bœuf à braiser, coupé en cubes

2 carottes hachées

1 gros oignon haché

2 cuil. à soupe de farine

2 cuil. à soupe de concentré de tomates

750 ml de vin blanc

1 litre de bouillon de bœuf (voir page 63)

3 tomates coupées en deux, épépinées et hachées

3 gousses d'ail hachées

1 bouquet garni (voir page 63)

200 g de champignons finement émincés

1 boîte de 425 g de tomates concassées

200 g de lard en tranches, sans la couenne, coupé en bâtonnets

80 g d'olives vertes dénoyautées et hachées

80 g d'olives noires dénoyautées et hachées

2 cuil. à soupe de persil frais haché

1   Préchauffer le four à 180° (thermostat 4). Assaisonner le bœuf de sel et de poivre gris fraîchement moulu. Faire chauffer 2,5 cm d'huile dans une cocotte et faire revenir les morceaux de viande. Les mettre dans une assiette lorsqu'ils sont bien dorés et faire revenir les carottes et l'oignon. Réduire le feu et saupoudrer de farine. Faire cuire en remuant pendant 2 min. Ajouter le concentré de tomates et faire cuire pendant 1 min. Verser le vin et bien lier cette sauce. Porter à ébullition en remuant et faire mijoter 3 à 4 min. Ajouter le bouillon, les tomates fraîches, l'ail et le bouquet garni. Remettre la viande dans la marmite, porter à nouveau à ébullition et couvrir. Mettre au four et faire cuire pendant 1 heure 45 min, jusqu'à ce que la viande soit cuite.

2   Faire chauffer un peu d'huile dans une poêle et y ajouter les champignons. Les faire cuire de 3 à 4 min jusqu'à ce qu'il n'y ait plus d'eau. Les assaisonner et les mettre dans un bol. Nettoyer la poêle et ajouter quelques gouttes d'huile d'olive. Faire chauffer, ajouter les tomates en boîte et faire réduire. Mettre le lard dans une casserole d'eau froide et faire bouillir. Égoutter, rincer à l'eau froide et faire sécher. Faire dorer dans un peu d'huile et égoutter sur un essuie-tout.

3   Lorsque la viande de bœuf est bien tendre (vérifier avec une fourchette) enlever de la cocotte et passer la sauce au tamis. Jeter les légumes et le bouquet garni et remettre la viande et la sauce dans la cocotte nettoyée, avec les tomates, le bacon et les olives. Porter à ébullition et goûter pour vérifier l'assaisonnement. Parsemer de persil et servir.

Canard à l'orange

L'acidité des oranges cuites accompagne parfaitement la viande moelleuse du canard.
On peut préparer la sauce à l'orange à l'avance, faire cuire le canard et
assembler au moment de servir.

*Préparation **30 minutes***
*Cuisson **1 heure 45 minutes***
Pour 4 personnes

4 oranges
1 citron
30 g de beurre
180 g de sucre en poudre
1 cuil. à soupe de Grand Marnier (facultatif)
500 ml de bouillon de poulet (ou de canard)
4 magrets de canard d'environ 200 g chacun
1 cuil. à café d'arrow-root
Cerfeuil haché pour garnir

1 Avec un économe, découper le zeste des oranges et du citron et enlever la peau blanche à l'aide d'un couteau bien aiguisé. Couper en morceaux la pulpe des deux agrumes dans un petit bol. Faire chauffer le beurre dans une casserole et ajouter les morceaux d'agrumes en les remuant délicatement 2 à 3 min, à feu doux. Ajouter 80 g de sucre en poudre et continuer à faire cuire à feu moyen jusqu'à ce que le sucre soit fondu et qu'il commence à caraméliser. Lorsqu'il est légèrement doré, ajouter les morceaux d'orange et de citron et le Grand Marnier. Faire cuire à feu doux jusqu'à ce que le jus soit complètement évaporé.

2 Verser le bouillon de canard ou de poulet dans la casserole et remuer pour bien mélanger. Porter à ébullition, réduire le feu, couvrir et laisser mijoter pendant 1 heure. Passer au tamis très fin, enlever les zestes et les restes de fruits, couvrir la sauce et mettre de côté.

3 Découper finement les zestes des deux autres oranges en laissant la peau blanche et les couper en longues lamelles. Les mettre dans une casserole, couvrir d'eau froide et porter à ébullition. Enlever les zestes, remplir la casserole d'eau froide et les remettre dans l'eau et les faire bouillir à nouveau. Recommencer deux fois le même procédé afin de bien ramollir les zestes et d'enlever leur amertume. Avec un petit couteau bien aiguisé, les découper en très fines lamelles d'1mm d'épaisseur. Verser 100 ml d'eau et le reste du sucre dans une petite casserole et porter lentement à ébullition en remuant pour faire dissoudre le sucre. Ajouter les lamelles de zeste d'orange et faire cuire lentement pendant 20 min jusqu'à ce qu'il soit confit. Enlever du sirop avec une fourchette et les mettre sur une passoire retournée, en prenant soin de bien séparer chaque lamelle.

4 Faire chauffer une casserole large et peu profonde à feu doux. Assaisonner les magrets de sel et de poivre gris fraîchement moulu et les mettre dans la casserole chaude, en posant le côté où se trouve la peau sur le fond du récipient. Faire fondre la graisse jusqu'à ce que la peau soit dorée et croustillante. Retourner les magrets et les faire dorer 1 ou 2 min de ce côté. Enlever de la poêle, couvrir et laisser reposer 5 à 10 min avant de servir.

5 Réchauffer la sauce en la portant à ébullition. Dans un petit bol, délayer l'arrow-root dans 1 cuil. à soupe d'eau, ajouter un peu de sauce chaude et verser dans la casserole. Remuer en portant à ébullition. La couleur laiteuse de l'arrow-root devient transparente dès qu'elle commence à bouillir. La sauce doit être assez épaisse pour recouvrir le dos d'une cuillère. Ajouter un peu plus d'arrow-root délayé dans de l'eau si nécessaire ou verser quelques gouttes de bouillon si elle est trop épaisse. Si la sauce est trop sucrée, ajouter quelques gouttes de citron. Assaisonner de sel et de poivre à volonté.

6 Pour servir, couper chaque magret en tranches et disposer en éventail sur une assiette chaude. Arroser de sauce et parsemer de zeste d'agrumes confits et de cerfeuil.

Sole normande

Cette spécialité normande a été modifiée par un chef parisien au début du dix-neuvième siècle.
Il remplaça le vin blanc par du cidre et fit braiser le poisson dans de la crème fraîche.
Aujourd'hui ce plat est garni de champignons et de fruits de mer.

*Préparation **1 heure***
*Cuisson **1 heure***
*Pour **4 personnes***

8 filets de sole (soit environ 1 kg), sans la peau
500 ml de vin blanc sec
2 échalotes hachées
500 g de moules nettoyées (voir page 63)
30 g de beurre
100 g de champignons coupés en tranches
1 citron
250 ml de crème fraîche épaisse
125 g de petites crevettes cuites décortiquées
1 cuil. à soupe de persil frais haché pour garnir

1 Disposer les filets de soles, côté de la peau vers le haut, sur une planche à découper. Assaisonner légèrement de sel et de poivre et les rouler en commençant par la pointe.

Attacher avec un cure-dents, envelopper dans un cellofrais et réfrigérer.

2 Dans une grande casserole, porter à ébullition le vin et les échalotes et faire mijoter pendant 5 min. Ajouter les moules, couvrir et faire cuire pendant 2 ou 3 min. Les égoutter, jeter celles qui sont restées fermées et garder le liquide. Les enlever de leurs coquilles et les laisser refroidir.

3 Préchauffer le four à 200°. Dans une grande casserole, faire fondre le beurre, ajouter les champignons, un peu de jus de citron et 60 ml d'eau. Faire frémir pendant 5 min. Ajouter le liquide et le faire réduire aux trois-quarts de son volume. Ajouter la crème fraîche et faire épaissir pendant 5 min. La sauce doit être assez épaisse pour recouvrir le dos d'une cuillère. Assaisonner de sel et de poivre blanc.

4 Beurrer un plat à four et y disposer les filets de sole préparés. Parsemer de crevettes et de moules et arroser de sauce. Recouvrir de papier d'aluminium et faire cuire de 7 à 10 min. Enlever les cure-dents, parsemer de persil et servir.

Tourte à la provençale

Une tourte est souvent associée à l'idée de la cuisine campagnarde et beaucoup de provinces françaises ont leurs propres garnitures selon les produits cultivés dans la région. Dans cette recette, la garniture se compose essentiellement de légumes et d'herbes aromatiques du sud de la France.

Préparation 40 minutes + 30 minutes de repos
* + 40 minutes de réfrigération*
Cuisson 1 heure 10 minutes
Pour 6 personnes

4 petites courgettes coupées en tranches de 1 cm
230 g d'aubergines coupées en tranches de 1 cm
150 ml d'huile d'olive
1 gros oignon émincé
3 échalotes hachées
2 cuil. à soupe de concentré de tomates
400 g de tomates mûres, épluchées et épépinées,
** coupées en cubes de 2 cm**
2 gousses d'ail écrasées
1 petite pincée de poivre de Cayenne
2 cuil. à soupe de feuilles de basilic frais déchirées en
** morceaux**
Feuilles de 2 ou 3 brins de romarin
400 g de pâte feuilletée ou sablée
2 œufs
125 ml de crème fleurette, à fouetter
100 g de gruyère râpé ou tout autre fromage à pâte
** cuite**
1 pincée de noix de muscade moulue
1 œuf légèrement battu

1 Mélanger les courgettes et les aubergines avec une cuil. à café de sel et les laisser dégorger dans une passoire pendant 30 min. Les rincer et enlever le sel. Essuyer sur un essuie-tout.

2 Faire chauffer 50 ml d'huile d'olive dans une casserole à feu moyen et faire fondre l'oignon pendant 3 min. Continuer à feu vif, ajouter 50 ml d'huile et faire revenir les échalotes, les courgettes et les aubergines pendant 3 min. Ajouter le concentré de tomates et continuer la cuisson, en remuant, pendant 1 ou 2 min. Ajouter le reste d'huile, les tomates et l'ail. Couvrir et faire cuire pendant 10 min à feu doux. Assaisonner de sel, de poivre et de poivre de Cayenne, puis ajouter le basilic et le romarin. Les légumes doivent rester un peu croquants car ils subissent une autre cuisson. Laisser refroidir complètement.

3 Étaler 2/3 de pâte en un cercle de 4 mm d'épaisseur, sur une surface légèrement farinée. En vous aidant du fond d'une tourtière de 20 cm de diamètre, découper un disque un peu plus petit et le poser sur une plaque tapissée de papier sulfurisé ; réfrigérer. Beurrer le disque et le glisser sur une plaque légèrement beurrée. Étaler le reste de la pâte en la faisant très mince (environ 2 mm d'épaisseur). Poser le rouleau à pâtisserie au milieu et replier la pâte dessus pour la soulever délicatement et la poser sur la tourtière. Appuyer à l'aide d'un petit morceau de pâte légèrement farinée, pour qu'elle adhère aux parois du moule. Couper la pâte de sorte qu'elle dépasse de 2 cm au-dessus du bord du moule. Mettre au réfrigérateur pendant 30 min. Préchauffer le four à 200° (thermostat 6).

4 Dans un bol, battre les œufs et la crème fleurette et ajouter le fromage, le mélange de légumes et la noix de muscade. Verser dans le moule et recouvrir avec le disque de pâte. Badigeonner avec les œufs battus. Replier les bords de la pâte sur le disque et pincer tout autour pour fermer hermétiquement. Découper un petit trou au centre et insérer un tube de papier d'aluminium pour que la vapeur puisse s'échapper. Réfrigérer pendant 15 min et faire cuire à four moyen (180°, thermostat 4) pendant 30 min. Lorsque la tourte est cuite, la pâte doit être dorée et la broche que l'on insère au milieu du tube d'aluminium doit être propre en la retirant. Laisser refroidir pendant 5 min. Démouler en posant un plat sur la tourtière et en la retournant pour que la base soit désormais le dessus de la tourte. Enlever le moule et servir chaud ou froid.

Saucisson de Lyon à la salade de pommes de terre chaudes

Lyon est renommée pour sa charcuterie. Le saucisson de Lyon utilisé dans cette recette
doit être poché très lentement pour ne pas éclater.
Il peut être avec ou sans pistaches.

Préparation **35 minutes**
Cuisson **55 minutes**
Pour **4 personnes**

COURT-BOUILLON

1 carotte coupée en rondelles fines
2 oignons finement émincés
2 branches de céleri finement émincés
2 petits blancs de poireaux coupés en tranches fines
3 brins de thym frais
1 feuille de laurier
10 grains de poivre gris
1 cuil. à café de sel
500 ml de vin blanc

800 g de pommes de terre
500 g de saucisson de Lyon, pur porc
  (voir Conseil du chef)

ASSAISONNEMENT À LA MOUTARDE

4 cuil. à soupe de moutarde de Dijon
4 cuil. à soupe d'échalotes hachées finement
250 ml d'huile
2 cuil. à soupe de persil frais

1 Pour préparer le court-bouillon, mettre la carotte, l'oignon, le céleri, le poireau, les herbes et le vin blanc dans une grande casserole et porter à ébullition pendant 5 min à feu vif. Enlever la casserole du feu et laisser de côté.

2 Mettre les pommes de terre dans une grande casserole d'eau salée. Faire bouillir et réduire le feu. Laisser mijoter pendant 20 à 30 min, jusqu'à ce qu'elles soient tendres (vérifier avec la pointe d'un couteau). Égoutter, rincer rapidement à l'eau froide, éplucher et couper en fines tranches de 5 mm d'épaisseur. Couvrir et garder chaud.

3 Faire cuire le saucisson au court-bouillon. Verser 2 litres d'eau pour le recouvrir complètement. Faire frémir et pocher pendant 20 min. Ne pas porter à ébullition car le saucisson risquerait d'éclater. Enlever du feu.

4 Pour préparer l'assaisonnement à la moutarde, mélanger la moutarde et les échalotes dans un bol et verser l'huile en battant pour obtenir une consistance onctueuse et épaisse, puis ajouter le persil. Saler et poivrer les pommes de terre coupées en tranches et mélanger avec l'assaisonnement.

5 Disposer les pommes de terre dans un grand plat. Enlever le saucisson du court-bouillon, le faire sécher dans un essuie-tout et couper en 16 rondelles égales. Disposer les rondelles autour des pommes de terre en salade et servir.

Conseil du chef Pour préparer le saucisson de Lyon, hacher finement 450 g de filet de porc et 150 g d'épaule de veau bien maigre. Mélanger dans un bol avec 160 g de lard, du sel et du poivre. Ajouter 100 g de pistaches décortiquées et épluchées et bien mélanger. Remplir un boyau à l'aide d'un entonnoir pour obtenir un saucisson de 30 à 35 cm de long. Attacher le bout avec une ficelle.

Marmite dieppoise

Dieppe est réputée pour sa variété de fruits de mer. Un des plats traditionnels de la région
se compose de moules, de crevettes et de champignons. Cette soupe de poisson se prépare
dans une marmite en métal ou en terre.

Préparation **1 heure**
Cuisson **25 minutes**
Pour 4 personnes

❈ ❈

I grosse échalote hachée
400 ml de vin blanc
2 brins de thym frais
I feuille de laurier
500 g de moules nettoyées (voir page 63)
12 grosses crevettes (environ 400 g) décortiquées et
  nettoyées (voir page 63)
12 coquilles Saint-Jacques (environ 350 g) sans les coquilles
240 g de saumon ou de lotte coupé en cubes de I cm
240 g de champignons coupés en tranches
300 ml de crème fraîche épaisse
20 g de persil plat haché

1 Dans une grande marmite, mettre l'échalote, le vin,
le thym, les feuilles de laurier et les moules. Porter à

ébullition à feu vif. Réduire le feu et laisser mijoter,
couvert, pendant 2 ou 3 min, en remuant délicatement
une fois ou deux. Enlever les moules, jeter celles qui
sont restées fermées, laisser refroidir et garder l'eau.

2 Remettre sur le feu, faire frémir et ajouter les
crevettes. Remuer et ajouter les coquilles Saint-
Jacques. Couvrir et faire cuire à feu doux pendant 2 ou
3 min, jusqu'à ce qu'elles soient fermes. Vérifier si
elles sont cuites en ouvrant une noix en deux. Enlever
les moules de leurs coquilles.

3 Égoutter et passer le jus à travers un tamis très fin
pour enlever le sable. Verser dans une casserole et faire
bouillir. Ajouter les champignons et faire cuire jusqu'à
ce que tout le liquide soit évaporé. Ajouter la crème et
faire bouillir pendant 5 min, jusqu'à ce que la sauce
soit assez épaisse pour recouvrir le dos d'une cuillère.
Ajouter les moules, les crevettes, les coquilles Saint-
Jacques et le poisson et faire réchauffer. Assaisonner
de sel et de poivre gris. Parsemer de persil avant de
servir.

Entrecôte à la bordelaise

*Dans cette recette la côte de bœuf, morceaux de choix, est sautée à la poêle ou cuite au gril
et servie avec une sauce bordelaise préparée à base de vin rouge et d'herbes aromatiques.*

*Préparation **30 minutes***
*Cuisson **40 minutes***
*Pour **4 personnes***

❋

1 échalote hachée
200 ml de vin rouge
1 feuille de laurier
4 brins de thym frais
1/2 cuil. à soupe de poivre gris concassé
400 ml de bouillon de bœuf
   (voir page 63)
40 g de beurre
100 g de moelle de bœuf coupée en petits cubes
2 cuil. à soupe d'huile
4 tranches de faux-filet (environ 240 g chacune)
1 cuil. à soupe de persil haché pour garnir

1 Dans une petite casserole à fond épais, porter à ébullition le vin rouge, l'échalote, la feuille de laurier, le thym et le poivre gris en grains écrasés. Continuer à feu moyen pour réduire le liquide aux trois-quarts de son volume. Ajouter le bouillon et faire bouillir à nouveau pour le réduire aux deux-tiers de son volume. Passer dans un tamis très fin et recueillir dans une casserole propre. Remettre au feu et assaisonner à volonté. Ajouter le beurre en battant et garder chaud sans faire bouillir.

2 Dans une casserole d'eau bouillante, faire fondre la moelle de bœuf pendant 10 secondes. La passer ensuite sous l'eau froide, l'égoutter, l'essuyer et l'ajouter à la sauce.

3 Faire chauffer l'huile dans une poêle, à feu vif. Assaisonner la viande et faire cuire 2 min de chaque côté. Disposer sur des assiettes ou sur un plat, arroser de sauce bien chaude et parsemer de persil.

Carbonnade à la flamande

*Il ne faut pas se fier à l'origine italienne du mot
« carbonade » qui signifie « avec des bulles », ce plat
est originaire des Flandres. Il se compose de bœuf
et d'oignons cuits dans de la bière.*

*Préparation **30 minutes***
*Cuisson **2 heures 30 minutes***
*Pour **4 personnes***

3 cuil. à soupe de saindoux ou d'huile
1 kg de gîte ou de paleron coupé en huit tranches de
**   1 cm d'épaisseur**
4 petits oignons finement émincés
3 cuil. à soupe de farine
1 cuil. à soupe de concentré de tomates
1 litre de bière brune
1 bouquet garni (voir page 63)
3 baies de genièvre
1 cuil. à soupe de cassonade
1,25 litre de bouillon de bœuf (voir page 63)

1   Préchauffer le four à 180° (thermostat 4). Faire chauffer le
saindoux ou l'huile dans une casserole à fond épais et ajouter le
bœuf, par morceaux. Faire saisir à feu vif, pour faire dorer tous
les côtés et enlever de la casserole. Réduire le feu, ajouter les
oignons et les faire dorer pendant 10 min.

2   Les verser dans une marmite, ajouter la farine et faire cuire
à feu doux pendant 2 min. Ajouter le concentré de tomates et
continuer la cuisson pendant 1 ou 2 min. Ajouter la bière, le
bouquet garni, les baies de genièvre et le sucre. Remuer en
portant à ébullition. Ajouter le bouillon et faire bouillir à
nouveau. Ajouter la viande et faire mijoter 5 min, en écumant.
Assaisonner, couvrir et faire cuire 1 heure 45 min au four.

3   La viande doit être bien tendre. Vérifier en la piquant avec
la pointe d'une fourchette. Si elle n'est pas assez cuite, la
remettre au four. Lorsqu'elle est bien cuite, la disposer sur un
plat. Faire bouillir la sauce en l'écumant et faire cuire pendant
10 min pour la faire épaissir (elle doit recouvrir le dos d'une
cuillère.). Verser sur la viande et servir.

Truite braisée au riesling

Les rivières d'Alsace abondent en poissons de toutes sortes. Dans cette recette, la truite est braisée au riesling, un vin blanc de la région.

*Préparation **35 minutes***
*Cuisson **1 heure 10 minutes***
*Pour **4 personnes***

75 g de beurre
3 oignons finement émincés
150 g de champignons coupés en tranches
1 cuil. à soupe de persil frais haché
2 grosses échalotes hachées
230 ml de riesling
230 ml de fumet de poisson
8 filets de truites d'environ 1,2 kg, la peau et
   les arêtes ôtées
230 ml de crème fraîche épaisse
Persil frais haché pour garnir

1 Préchauffer le four à 180° (thermostat 4).
2 Dans une casserole à fond épais, faire fondre 50 g de beurre à feu doux. Ajouter l'oignon et une pincée de sel. Faire fondre les oignons pendant 15 min sans les faire dorer. Ajouter les champignons et 230 ml d'eau, faire cuire, sans couvrir, laisser réduire complètement. Ajouter le persil et assaisonner.
3 Dans une casserole moyenne, faire fondre le reste du beurre à feu doux et faire cuire les échalotes pendant 3 min sans les faire dorer. Ajouter le vin et continuer à cuire à feu vif pendant 5 min. Ajouter le bouillon et enlever du feu.
4 Beurrer un plat résistant à la chaleur et à la flamme, assez grand pour contenir tous les filets de truites sans les superposer. Retourner un filet sur une planche à découper, le côté de la peau en dessous, le saler et le poivrer. Répartir une ou deux cuillerées d'oignons et de champignons sur la partie la plus large du filet. Replier à partir de la queue et mettre ces filets farcis dans le plat beurré. Rouler le reste des filets de la même façon et les placer dans le plat, en laissant un peu de place entre chacun. Ajouter le vin blanc frais et le fumet de poisson. Mettre le plat sur le feu et porter à ébullition. Couvrir immédiatement et mettre au four. Faire cuire de 5 à 8 min, jusqu'à ce que le poisson soit opaque et qu'il soit ferme au toucher. Disposer les filets sur un plat, couvrir et garder chaud pendant la préparation de la sauce.
5 Passer le bouillon dans un tamis très fin et verser dans une casserole. Faire mijoter à feu moyen pour réduire son volume au quart (environ 60 ml). Ajouter la crème et faire mijoter pendant 5 min. Assaisonner. Disposer les filets sur un plat ou sur des assiettes, arroser de sauce et parsemer de persil juste avant de servir.

Choucroute alsacienne

Le chou fermenté dans un petit tonneau ou dans un bocal en terre cuite est l'ingrédient de base de ce plat traditionnel d'Alsace. On trouve des variantes de ce plat en Lorraine et dans certaines régions d'Allemagne.

Préparation **25 minutes**

Cuisson **3 heures 15 minutes**

Pour 6 personnes

1 kg de choucroute

60 g de graisse d'oie ou de saindoux

1 oignon finement émincé

1 carotte coupée en rondelles fines

1 gousse d'ail épluchée

1/2 cuil. à café de poivre concassé

3 baies de genièvre

1 clou de girofle

1 bouquet garni (voir page 63)

1 petit jambonneau

500 ml de vin blanc sec d'Alsace

1/2 cuil. à soupe de sel

1,25 kg de lard fumé ou non fumé (ou les deux) coupé en tranches ou en morceaux

12 petites pommes de terre épluchées

1 saucisson de Morteau ou 1 clobassi

6 saucisses de Francfort ou de Strasbourg

1 Préchauffer le four à 190° (thermostat 5). Rincer la choucroute dans de l'eau froide, la presser et bien séparer les lanières avec les doigts.

2 Faire fondre la graisse d'oie ou le saindoux dans une cocotte, à feu doux, faire cuire l'oignon et la carotte à couvert pendant 20 min. Ajouter les grains de poivre, les baies de genièvre et le clou de girofle enveloppés dans un petit sac de mousseline, la choucroute et le bouquet garni. Bien mélanger et ajouter le jambonneau, le vin, le sel et 1,5 litre d'eau. Porter à ébullition, couvrir et faire cuire 1 heure 30 min au four. Ajouter le lard et faire cuire de nouveau pendant 1 heure. Glisser les pommes de terre dans la choucroute ainsi que le saucisson fumé. Faire cuire de nouveau pendant 20 min.

3 Disposer les saucisses de Francfort ou de Strasbourg sur la choucroute et remettre au four pendant 10 min.

4 Enlever la viande et les saucisses, couvrir et garder chaud. Retirer la choucroute avec une écumoire et la mettre dans un grand plat et jeter le liquide, les épices et le bouquet garni. Désosser le jambonneau et couper la viande en morceaux. (L'os peut servir pour faire une soupe). Disposer les viandes et les pommes de terre sur la choucroute et servir.

Bœuf bourguignon

*La Bourgogne est réputée pour ses vins et sa cuisine très élaborée. Les plats « à la bourguignonne »
sont généralement préparés au vin rouge et garnis d'oignons, de champignons et de morceaux de lard.*

*Préparation **1 heure + 12 heures de marinade***
*Cuisson **2 heures 30 minutes***
*Pour **4 personnes***

MARINADE

1 grosse carotte coupée en morceaux de 1 cm

1 oignon coupé en morceaux de 1 cm

1 branche de céleri coupée en morceaux de 1 cm

2 gousses d'ail

1 bouquet garni (voir page 63)

3 cuil. à soupe de brandy

10 grains de poivre gris

1,5 litre de vin rouge

2 cuil. à soupe d'huile

1 kg de steak dans le paleron, coupé en cubes de 4 cm

1 grosse cuil. à soupe de concentré de tomates

2 cuil. à soupe rases de farine

400 ml de bouillon de bœuf

32 petits oignons grelots épluchés

1 cuil. à soupe de beurre

1/2 cuil. à soupe de sucre

150 g de champignons coupés en quartiers

2 cuil. à soupe d'ail haché

**240 g de lard fumé coupé en cubes ou en petits
  bâtonnets**

**2 tranches de pain de mie, sans la croûte, coupées en
  triangles**

2 cuil. à soupe de persil frais haché

1 Mélanger tous les ingrédients pour la marinade dans un bol avec les morceaux de viande de bœuf. Couvrir et réfrigérer pendant 12 heures.

2 Faire préchauffer le four à 200° (thermostat 6). Enlever la viande et les légumes et passer la marinade au tamis. La faire bouillir dans une casserole, en l'écumant régulièrement. Faire cuire de 6 à 8 min et la passer dans un tamis très fin. Dans une grande cocotte à fond épais, faire chauffer un peu d'huile et de beurre. Essuyer la viande, la faire dorer de tous les côtés, quelques morceaux à la fois, l'enlever de la cocotte et la mettre sur un plat. Faire dorer à feu moyen les légumes bien égouttés, en remuant de temps en temps. Remettre la viande dans la cocotte avec le concentré de tomates et remuer à feu moyen pendant 3 min. Saupoudrer de farine et mettre au four de 6 à 8 min. Sortir du four et bien mélanger la farine. Remettre à feu moyen, ajouter la marinade et porter à ébullition en remuant constamment. Ajouter le bouillon et le bouquet garni. Porter de nouveau à ébullition, couvrir et faire cuire 1 heure 30 min au four, jusqu'à ce que la viande soit tendre.

3 Mettre les oignons, le beurre, le sucre et du sel dans une casserole et recouvrir d'eau. Faire cuire à feu moyen jusqu'à ce que l'eau soit presque évaporée et remuer la cocotte pour bien faire dorer les oignons. Faire dorer les champignons dans un peu de beurre, assaisonner et égoutter. Faire fondre l'ail et le lard dans un peu d'huile, égoutter et ajouter les oignons et les champignons.

4 Beurrer le pain et faire dorer de 3 à 5 min au four.

5 Lorsque la viande est cuite, la dégraisser et la mettre dans une cocotte propre ou dans un plat résistant à la chaleur. Couvrir et servir chaud. Passer la sauce au tamis et la remettre dans la cocotte sans les légumes ni le bouquet garni. Faire bouillir la sauce pendant 15 min pour qu'elle épaississe (elle doit être assez épaisse pour recouvrir le dos d'une cuillère). L'écumer fréquemment, l'assaisonner et en arroser la viande. Laisser mijoter ou remettre au four pendant 5 min. Ajouter les oignons, les champignons et le lard. Tremper le coin de chaque croûton dans la sauce, puis dans le persil. Parsemer la viande de persil et servir avec les croûtons disposés sur le bord du plat.

Filet de porc aux pruneaux

Voici une version simplifiée de la recette traditionnelle. Au lieu de faire un rôti entier, bien plus long à cuire, nous avons utilisé des médaillons de filet de porc. La cuisson est non seulement plus rapide mais la viande est aussi plus tendre.

*Préparation **30 minutes***
*Cuisson **1 heure 10 minutes***
*Pour **4 à 6 personnes***

2 filets de porc d'environ 600 g chacun
1 cuil. à soupe d'huile
40 g de beurre
1 oignon haché
1 carotte hachée
1 brin de thym frais
1 feuille de laurier
225 ml de vin blanc
225 ml de bouillon de bœuf (voir page 63)
225 ml de crème fraîche épaisse
200 g de pruneaux dénoyautés

1 Dégraisser et dénerver les filets de porc et conserver le gras enlevé. (Cela peut être fait par le boucher). Couper les filets en 6 tranches de 2,5 cm.

2 Faire chauffer l'huile dans une poêle à fond épais. Ajouter le beurre. Assaisonner les tranches de porc et faire dorer à feu moyen de 3 à 5 min. Enlever de la poêle, laisser de côté, couvrir de papier d'aluminium et garder chaud. Faire dorer le gras de porc de 5 à 7 min. Ajouter les légumes, le thym et la feuille de laurier et faire fondre les oignons pendant 5 min, à feu doux ou moyen. Enlever l'excédent de beurre ou d'huile. Ajouter le vin et faire cuire jusqu'à évaporation presque complète (ne laisser qu'une cuillerée à soupe de sauce). Ajouter le bouillon et continuer à faire mijoter à feu doux pendant 30 min. Passer ce bouillon dans une petite casserole et ajouter la crème et les pruneaux. Faire mijoter à nouveau pendant 15 min à feu doux, jusqu'à ce que la sauce épaississe (elle doit être assez épaisse pour recouvrir le dos d'une cuillère.) Goûter et assaisonner si nécessaire.

3 Enlever le papier d'aluminium de la viande de porc et mettre dans une poêle. Arroser de sauce chaude et faire mijoter de 2 à 3 min, pour réchauffer. Disposer sur un plat et servir immédiatement.

Conseil du chef Pour que les tranches des filets soient régulières et toutes de même dimension, les attacher avec une ficelle de boucher avant de couper. Enlever la ficelle juste avant de réchauffer la sauce.

Cassoulet

Les haricots blancs sont un des produits de base de la cuisine du Languedoc. Ils donnent au cassoulet sa texture crémeuse. Selon les régions, on y ajoute certaines viandes et on le fait gratiner en fin de cuisson. Le mot « cassoulet » vient de « cassole », une cocotte utilisée traditionnellement pour préparer ce plat.

Préparation *1 heure 30 minutes + 12 heures de trempage*
Cuisson *3 heures 30 minutes*
Pour 4 à 6 personnes

250 g de haricots blancs trempés toute une nuit dans de l'eau froide
100 g de couenne de porc
100 g de lard
1/2 carotte
1/2 oignon piqué de clou de girofle
2 bouquets garnis (voir page 63)
1 clou de girofle
25 g de graisse d'oie, de canard ou du lard
200 g d'épaule d'agneau désossée coupée en 8 morceaux
200 g d'épaule de porc désossée coupée en 8 morceaux
1 petit oignon haché
2 tomates épluchées, épépinées et coupées en cubes ou 1 cuil. à soupe de concentré de tomates
1 gousse d'ail écrasée
300 g de saucisson à l'ail coupé en tranches
4 petites saucisses de Toulouse
2 cuisses de canard ou d'oie confit (360 g en tout) coupées en deux
90 g de chapelure

1 Préchauffer le four à 180°. Rincer les haricots et les recouvrir d'eau froide. Les mettre dans une grande casserole. Ajouter la couenne de porc et le lard. Porter à ébullition et enlever du feu aussitôt, passer et faire refroidir à l'eau froide. Recouvrir à nouveau d'eau froide et remettre sur le feu.

Ajouter la carotte et l'oignon piqué d'un clou de girofle, le bouquet garni et l'ail. Faire mijoter pendant environ 1 heure 1/2 (ne pas saler car cela fait durcir les haricots).

2 Pendant que les haricots sont en train de cuire, faire fondre la graisse d'oie ou de canard, ou le saindoux, dans une grande cocotte. Assaisonner l'épaule d'agneau et le porc et faire dorer à la cocotte. Enlever la viande et laisser de côté. Faire fondre les oignons dans la cocotte, sans les faire dorer. Ajouter les tomates, l'ail et le deuxième bouquet garni. Porter à ébullition, remettre la viande dans la cocotte et mettre au four 1 heure à 1 heure 1/2, jusqu'à ce que la viande soit tendre. Retirer la viande de la cocotte.

3 Réduire le four à 160° (thermostat 2-3). Ajouter le saucisson à l'ail, les saucisses de Toulouse, le confit dans la cocotte et faire mijoter sur le feu avant de le faire cuire 20 min au four. Sortir du four et mettre le confit et les saucisses dans un bol et garder chaud. Garder la sauce dans la cocotte. Réduire le four à 150° (thermostat 2).

4 Lorsque les haricots sont presque cuits, (ils doivent être tendres mais pas mous), les égoutter et ajouter l'eau des haricots à la sauce dans la cocotte. Enlever les légumes et le bouquet garni et les jeter. Enlever le lard et la couenne de porc. Les couper séparément en petits morceaux et laisser refroidir.

5 Faire chauffer un grand plat allant au four. Tapisser le fond de couenne de porc et recouvrir d'une couche de haricots. Ajouter l'épaule d'agneau, l'épaule de porc, les saucisses, le confit et environ 250 ml à 375 ml de sauce. Recouvrir d'une autre couche de haricots et répartir les morceaux de lard, le reste de la couenne de porc et la sauce. Saupoudrer de chapelure et arroser d'un peu de graisse d'oie. Faire cuire 1 heure au four, jusqu'à ce que la chapelure soit légèrement dorée et servir.

Carré d'agneau aux herbes aromatiques

La Provence embaume d'herbes aromatiques. Recouvert de thym frais cueilli dans la garrigue, ce carré d'agneau croustillant contient le soleil du midi et la saveur de ses collines sauvages.

Préparation **1 heure**
Cuisson **1 heure 30 minutes**
Pour 4 personnes

2 carrés d'agneau de 6 côtelettes, dégraissés et nettoyés (voir Conseil du chef)
2 cuil. à soupe d'huile

SAUCE
¹/₂ oignon haché
3 gousses d'ail hachées grossièrement

CROÛTE
120 g de chapelure très fine
4 gousses d'ail finement hachées
4 cuil. à soupe de persil finement haché
1 cuil. à soupe thym frais
80 g de beurre mou

1 Préchauffer le four à 200° (thermostat 6). Entailler de croisillons la surface plane du carré d'agneau avec un couteau bien aiguisé. Faire chauffer l'huile dans une poêle, à feu moyen à vif. Assaisonner la viande, la poser sur la poêle et la faire dorer rapidement sur tous les côtés. Enlever de la poêle, disposer dans un plat à four et faire rôtir de 20 à 30 min. Sortir du four et laisser refroidir avant de la remettre à four très chaud (250°, thermostat 10).

2 Pour préparer la sauce, enlever la viande du plat, égoutter la graisse et mettre le carré dans une casserole avec l'oignon, l'ail et 400 ml d'eau. Faire cuire dans l'eau frémissante pendant 30 min.

3 Pour préparer la croûte aux herbes, mélanger la chapelure, l'ail haché, le persil et le thym dans un grand bol. Assaisonner et ajouter le beurre fondu. Former une pâte.

4 Recouvrir la viande de cette pâte en laissant les os et le dessous découverts. Remettre dans le plat et faire dorer légèrement de 20 à 25 min. Garder chaud.

5 Passer le jus de viande au tamis et le verser dans une autre casserole. Faire cuire jusqu'à ce qu'il soit réduit aux trois-quarts de son volume, en enlevant la graisse qui flotte à la surface. Servir dans une saucière.

Conseil du chef Demandez à votre boucher de préparer le carré d'agneau. Mais si vous préférez le faire vous-même, grattez bien la pointe des os pour enlever toute la graisse.

Poulet au cidre et sa sauce aux champignons

Le nom traditionnel de ce plat est « Poulet Vallée d'Auge ». Cette vallée se trouve en Normandie
et la recette suivante utilise les pommes et les laitages si renommés de la région :
le calvados, le cidre, la crème, les pommes.

Préparation 25 minutes
Cuisson 1 heure
Pour 4 personnes

1 poulet de 1,8 kg
60 g de beurre
Huile pour la cuisson
60 ml de calvados
2 échalotes finement hachées
500 ml de cidre
150 g de petits champignons coupés en tranches
250 ml de crème fraîche épaisse
200 g de golden
50 g de beurre clarifié (voir Conseil du chef)
4 cuil. à soupe de persil frais, haché

1 Découper le poulet en 4 ou 8 morceaux et assaisonner de sel et de poivre fraîchement moulu. Faire fondre la moitié du beurre et un peu d'huile dans une casserole et faire revenir les morceaux de poulet, deux ou trois à la fois, en les retournant pour faire dorer tous les côtés. Enlever la graisse fondue de la casserole et y remettre le poulet. Arroser de calvados et flamber (garder le couvercle de la casserole dans une main, par précaution). Ajouter les échalotes pour les

faire fondre, mais ne pas les faire dorer. Arroser de cidre, couvrir et faire cuire pendant 15 min en retournant les morceaux de poulet au bout de 10 min.

2 Faire revenir les champignons dans le reste de beurre, couvrir et faire cuire pendant 4 min. Les ajouter au poulet, avec le jus et la crème. Continuer la cuisson pendant 5 min. Enlever les morceaux de poulet.

3 Continuer la cuisson de la sauce pendant 10 min pour la réduire et la faire épaissir de sorte qu'elle recouvre le dos d'une cuillère. Goûter la sauce et assaisonner un peu plus si nécessaire. Remettre le poulet dans la casserole, porter à ébullition, réduire le feu et faire réchauffer le poulet pendant 2 min.

4 Éplucher et épépiner les pommes. Les couper en fines tranches. Faire dorer les deux côtés dans le beurre clarifié. Garnir le poulet de pommes et de persil haché.

Conseil du chef Le beurre clarifié supporte de fortes températures sans brûler. Avec 90 g de beurre, on peut faire 50 g de beurre clarifié. Faire fondre le beurre lentement à feu doux dans une petite poêle à fond épais, sans remuer ni agiter la poêle. Écumer le mousse de la surface et verser le beurre dans un autre récipient en laissant les particules blanchâtres dans le fond de la casserole. Couvrir et garder au réfrigérateur jusqu'à 4 semaines.

Flan aux poires et au miel

Cette tarte aux poires très légère est caramélisée au miel. Elle est encore meilleure lorsqu'elle est servie tiède et saupoudrée de sucre glace. On peut remplacer les poires par tout autre fruit.

*Préparation **25 minutes** + **25 minutes de réfrigération***
*Cuisson **50 minutes***
*Pour **6 personnes***

PÂTE
150 g de farine
2 cuil. à soupe de sucre
75 g de beurre
1 œuf légèrement battu
1 goutte d'essence de vanille

60 g de miel
250 g de poires au sirop
2 œufs
1 cuil. à café de Maïzena ou d'amidon
40 g de sucre
125 ml de crème fleurette
Sucre glace pour saupoudrer

1 Pour préparer la pâte, préchauffer le four à 200°. Tamiser la farine dans un grand bol, ajouter le sucre et le beurre et travailler avec le bout des doigts jusqu'à ce que la pâte soit sablée. Vérifier que le beurre soit bien mélangé en agitant le bol et creuser un puits. Y verser l'œuf et l'essence de vanille et rassembler les ingrédients secs vers les ingrédients liquides pour former une pâte. Ajouter un peu d'eau si nécessaire. Former une boule, mais ne pas trop travailler. Recouvrir d'un film plastique et réfrigérer pendant 20 min.

2 Mettre le miel dans une casserole et porter à ébullition à feu moyen. Enlever du feu lorsqu'il prend une couleur foncée. Égoutter les poires et garder le sirop. Les couper en cubes de 1 cm et les rouler dans le miel caramélisé. Dans un bol, fouetter les œufs, la Maïzena, le sucre et la crème et laisser reposer.

3 Étaler la pâte sur 3 mm d'épaisseur et en tapisser une tourtière de 18 à 20 cm de diamètre. Recouvrir avec un papier sulfurisé et parsemer de haricots ou de riz. Mettre au réfrigérateur pendant 5 min et faire cuire 10 min au four. Enlever les haricots ou le riz et le papier. Répartir les morceaux de poire, garder le miel et couvrir avec le mélange à l'œuf. Faire cuire au four pendant 12 min puis réduire à 170°. Faire cuire 25 min.

4 Dans une petite casserole, faire cuire le sirop et le miel pour obtenir une consistance épaisse et sirupeuse. En badigeonner la surface de la tarte. Saupoudrer de sucre glace juste avant de servir.

Clafoutis aux cerises

C'est un dessert campagnard, originaire du Limousin.
Autrefois, le clafoutis se faisait cuire
toute une journée, pendant que
les paysans travaillaient aux champs.

*Préparation **25 minutes***
*Cuisson **30 minutes***
*Pour **4 personnes***

80 g de farine
2 œufs
60 g de sucre en poudre
200 ml de lait
50 ml de crème fraîche épaisse
40 g de beurre fondu
400 g de cerises fraîches lavées et dénoyautées
Sucre glace pour saupoudrer

1 Préchauffer le four à 160° (thermostat 2-3). Tamiser la farine dans un bol et creuser un puits au centre. Ajouter les œufs et fouetter pour obtenir une consistance onctueuse. Ajouter le sucre, le lait, la crème et le beurre fondu, en mélangeant bien. Passer au tamis pour enlever les grumeaux.

2 Beurrer un plat creux et parsemer le fond de cerises et les recouvrir de pâte. Faire cuire au four pendant 30 min, jusqu'à ce que la pointe d'un couteau insérée au centre en ressorte propre. Saupoudrer généreusement de sucre glace et servir chaud.

Conseil du chef On peut aussi faire un clafoutis avec des cerises en boîte. Bien les égoutter et les faire frire, au préalable, dans un peu de beurre. Ajouter 1 ou 2 cuil. à soupe de kirsch. Faire cuire jusqu'à ce que le kirsch se soit évaporé.

Tarte Tatin

Cette tarte « retournée » a été créée par les sœurs Tatin, qui tenaient un restaurant en Sologne
au début du siècle. On la servit pour la première fois à Paris, chez Maxim's,
où elle devint une spécialité de la maison.

*Préparation **50 minutes + 20 minutes de réfrigération***
*Cuisson **1 heure 20 minutes***
*Pour **6 à 8 personnes***

PÂTE
125 g de beurre à température ambiante
50 g de sucre glace
1 œuf battu
1 ou 2 gouttes d'essence de vanille, facultatif
200 g de farine

60 g de sucre
90 g de beurre
1,6 à 2 kg de pommes épluchées, épépinées,
coupées en deux et passées dans 1 cuil. à café
de jus de citron

1 Pour préparer la pâte, battre le beurre et le sucre en crème avec une cuillère en bois ou au batteur électrique. Ajouter l'œuf et l'essence de vanille en deux ou trois fois et bien mélanger. Tamiser la farine avec une pincée de sel et verser dans le mélange en remuant pour que la pâte soit bien lisse. Former une boule, aplatir avec la paume de la main pour obtenir une surface de 1 cm d'épaisseur et envelopper dans un cellofrais. Réfrigérer pendant 20 min.

2 Préchauffer le four à 180° (thermostat 4). Étaler la pâte pour former un disque de 3 mm d'épaisseur et poser sur une plaque tapissée de papier sulfurisé. Réfrigérer.

3 Mettre le sucre et le beurre dans un moule de 20 cm de diamètre à bords évasés. Faire mousser et dorer légèrement à feu moyen en remuant constamment pendant 10 min.

4 Faire cuire les pommes dans le moule et ajouter la pâte suivant les *Techniques du chef* page 62. Faire des petites incisions dans la pâte pour laisser la vapeur s'échapper à la cuisson. Poser le moule sur une plaque et faire cuire de 15 à 20 min, jusqu'à ce que le dessus soit bien doré.

5 Enlever du four et laisser dans le moule pendant 2 min. Poser un plat sur le moule et pencher légèrement pour laisser le jus s'écouler dans un bol. Retourner rapidement sur le plat en secouant bien pour que les pommes se détachent du fond. Soulever délicatement le moule. S'il reste du jus, en arroser les pommes et servir chaud.

Conseils du chef Le moule doit être assez grand pour bien recouvrir les pommes de caramel. Attention qu'il ne colle pas au fond du moule.

Les pommes rendent beaucoup d'eau. Assurez-vous que le caramel soit bien réduit avant d'ajouter la pâte.

Crémets de Touraine au coulis de framboises

Les crémets sont une spécialité d'Angers et de Saumur, servis avec un coulis de framboises
ou de fruits frais. Les crémets traditionnels ne sont pas recouverts de sucre glace,
mais on les sert avec de la crème fraîche et plein de sucre en poudre.

*Préparation **20 minutes + 1 heure de réfrigération***
*Pour **4 personnes***

200 ml de crème fleurette, à fouetter
300 g de fromage frais (voir Conseil du chef)
50 g de sucre glace
Quelques brins de menthe fraîche pour garnir
Fruits rouges pour garnir

COULIS DE FRAMBOISES
400 g de framboises fraîches
80 g de sucre glace
Quelques gouttes de jus de citron

1 Tapisser de mousseline quatre ramequins de 9 cm de diamètre et laisser dépasser largement des bords. Verser la crème fleurette dans un bol et poser le bol dans un autre bol contenant des glaçons et un peu d'eau. Fouetter légèrement jusqu'à ce qu'elle attache au fouet, mais elle doit être assez liquide pour couler le long du bol lorsqu'il est penché. Ajouter le fromage frais et fouetter pour obtenir une crème. Ajouter le sucre glace et verser le mélange dans les ramequins. Replier la mousseline pour recouvrir le dessus et mettre au réfrigérateur pendant 1 heure.

2 Pour préparer le coulis de framboises, mixer les framboises dans un mixeur, ajouter le sucre glace et le jus de citron à volonté et passer au tamis fin. Pour obtenir un coulis très coloré, ne pas trop mixer car s'il est trop aéré, il tend à pâlir.

3 Déplier la mousseline pour dégager le dessus des ramequins et les retourner sur des petites assiettes à dessert. Enlever la mousseline lorsque les crémets sont démoulés. Verser le coulis autour des crémets et décorer avec une feuille de menthe et des framboises ou autres fruits rouges.

Conseil du chef Pour un dessert léger et rafraîchissant, utiliser du fromage frais. Pour un dessert plus riche, utiliser un fromage plus crémeux.

Tarte au riz

Les croisés introduisirent le riz en France. Mais on ne commença à le cultiver qu'au dix-septième siècle, sans grand succès. Aujourd'hui, la Camargue est la seule province de France où on le cultive.

*Préparation **40 minutes***
*Cuisson **1 heure***
*Pour **6 à 8 personnes***

PÂTE
250 g de farine
75 g de beurre réfrigéré et coupé en cubes
12 g de levure de boulanger ou 6 g de levure sèche
4 cuil. à soupe de lait
1/2 cuil. à soupe d'huile
1 œuf

500 ml de lait
Cannelle en poudre, à volonté
100 g de sucre en poudre
70 g de riz rond
2 jaunes d'œufs
3 blancs d'œufs
Sucre glace pour saupoudrer

1 Pour préparer la pâte, préchauffer le four à 160° (thermostat : 2-3). Tamiser la farine dans un grand bol, ajouter le beurre et travailler avec le bout des doigts pour obtenir une pâte sablée. Prendre soin d'incorporer tout le beurre. Délayer la levure dans le lait. Creuser un puits au centre de la pâte et y verser la levure, le lait, l'huile et l'œuf. Mélanger pour former une pâte et travailler pour la rendre lisse. La mettre dans un bol légèrement huilé, couvrir avec un torchon et laisser dans un endroit chaud pendant 45 min pour faire lever. La pâte doit doubler de volume.

2 Dans une casserole faire chauffer le lait avec la cannelle et 70 g de sucre. Ajouter le riz et faire cuire à feu doux pendant 15 min, jusqu'à ce qu'il soit bien tendre, en remuant fréquemment pour l'empêcher de coller. Enlever du feu et ajouter les jaunes d'œufs, remuer pour bien mélanger et laisser reposer.

3 Aplatir la pâte, la poser sur une surface de travail légèrement farinée et l'étaler pour en faire un disque de 3 mm d'épaisseur et en tapisser une tourtière à fond amovible de 22 cm de diamètre. Égaliser les bords. Réfrigérer.

4 Battre les blancs d'œufs en neige ferme et ajouter le sucre. Continuer à battre pour obtenir une consistance lisse et brillante. Prendre soin de faire dissoudre tout le sucre. Incorporer au riz.

5 Remplir de ce mélange le moule tapissé de pâte et faire cuire au four de 35 à 40 min, jusqu'à ce que la pointe du couteau insérée au centre soit propre en la retirant et que le dessus de la tarte soit doré. Saupoudrer de sucre glace. Servir chaud ou froid.

Tarte normande

La pomme est un des produits typiques de Normandie. On l'utilise pour des plats salés aussi bien que pour des desserts, comme cette tarte toute simple mais délicieuse. Une partie de la production sert à la fabrication du calvados et du cidre.

*Préparation **1 heure + 50 minutes de réfrigération***
*Cuisson **1 heure***
*Pour **6 à 8 personnes***

PÂTE
250 g de farine
150 g de beurre réfrigéré et coupé en cubes
1 œuf
50 g de sucre en poudre
1 ou 2 gouttes d'essence de vanille

3 pommes moyennes
Jus de 1 citron
2 œufs
1 jaune d'œuf
60 g de sucre en poudre
1 cuil. à café de cannelle en poudre
200 ml de crème fleurette
Sucre glace pour saupoudrer

1 Préchauffer le four à 170° (thermostat 3). Beurrer une tourtière à fond amovible de 22 cm de diamètre et la mettre au réfrigérateur pour faire durcir le beurre.

2 Pour préparer la pâte, tamiser la farine dans un grand bol, ajouter le beurre et travailler légèrement et rapidement du bout des doigts jusqu'à ce que le beurre soit bien incorporé afin d'obtenir une consistance sablée. Creuser un puits au centre. Battre l'œuf et 1 cuil. à soupe d'eau et verser dans le puits avec le sucre, l'essence de vanille et 1 pincée de sel. Travailler légèrement pour faire une pâte. Appuyer sur la pâte avec la paume des mains et la retourner avec le bout des doigts. Recommencer jusqu'à ce qu'elle soit bien lisse. Former une boule et l'aplatir. Couvrir d'un cellofrais et mettre au réfrigérateur pendant 20 min.

3 Éplucher et épépiner les pommes. Les couper en huit quartiers épais, les passer dans le jus de citron et réfrigérer.

4 Battre légèrement les œufs et les jaunes d'œufs avec le sucre. Ajouter la cannelle et la crème fleurette et bien mélanger. Laisser de côté.

5 Étaler la pâte d'une épaisseur de 2 à 3 cm et en tapisser le moule en prenant soin de ne pas laisser d'air. Bien faire adhérer la pâte sur les bords du moule pour qu'elle ne se décolle pas à la cuisson. Réfrigérer pendant 30 min. Disposer les quartiers de pommes sur la pâte en les faisant se chevaucher. Les recouvrir de crème et faire cuire 45 à 50 min au four. Servir chaud et saupoudrer de sucre glace tamisé.

Gâteau basque

La crème pâtissière de ce gâteau basque est aromatisée à l'Izarra, un alcool à base d'Armagnac, aromatisé aux plantes de la région. Ce gâteau peut aussi être fourré de petites cerises en conserve.

Préparation **30 minutes + 30 minutes de réfrigération**
Cuisson **50 minutes**
Pour 4 personnes

250 g de beurre mou
150 g de sucre en poudre
1 cuil. à café de levure chimique
Zeste de 1 citron râpé
400 g de farine
2 œufs légèrement battus
4 cuil. à soupe d'armagnac
Sucre glace pour saupoudrer
1 œuf

CRÈME PÂTISSIÈRE
500 ml de lait
5 jaunes d'œufs
160 g de sucre en poudre
2 cuil. à soupe de farine
2 cuil. à soupe de Maïzena
4 cuil. à soupe d'armagnac ou de rhum

1 Préchauffer le four à 170° (thermostat 3). Beurrer légèrement quatre moules épais de 9 cm de diamètre. Mettre dans le réfrigérateur pour faire durcir le beurre et saupoudrer de farine.

2 Battre le beurre et le sucre en crème, ajouter la levure chimique et le zeste de citron et bien mélanger. Ajouter la moitié de la farine et la moitié des œufs, bien mélanger et continuer avec le reste de la farine et des œufs. Ajouter l'armagnac, mélanger pour obtenir une consistance onctueuse et remplir une poche munie d'une douille lisse de 5 mm de diamètre des deux tiers de la pâte. Déposer une couche de pâte sur le fond de chaque moule et faire une couronne de 5 mm sur le pourtour de chaque disque. Égaliser avec une spatule et mettre les moules au congélateur

pendant 30 min, pour laisser prendre.

3 Pour préparer la crème pâtissière, faire bouillir le lait dans une casserole à fond épais. Dans un bol, battre les jaunes d'œufs et le sucre. Lorsque le mélange est jaune clair et que le sucre est dissous, ajouter la farine et la Maïzena et battre pour obtenir une consistance bien lisse. Dès que le lait commence à bouillir, en verser un tiers dans le mélange précédent pour le réchauffer et ajouter le reste. Remettre dans la casserole et bien mélanger. Porter à ébullition en remuant constamment et faire cuire pendant 1 min. Enlever du feu et ajouter l'armagnac ou le rhum. Verser la crème pâtissière dans un plat creux et poser un morceau de papier sulfurisé à la surface pour empêcher une peau de se former. Faire refroidir rapidement en plongeant le plat dans une casserole d'eau froide, en changeant l'eau pour faire tiédir la crème. (On peut aussi la préparer la veille, la recouvrir d'un film plastique et la mettre au réfrigérateur.)

4 Lorsque la crème est tiède, la battre vigoureusement jusqu'à ce qu'elle soit onctueuse. Sortir les quatre moules du congélateur et les remplir de crème pâtissière, jusqu'à 5 mm du bord. Reprendre la poche et la remplir avec le reste de la pâte. Recouvrir le dessus du gâteau et égaliser avec une spatule plongée préalablement dans de l'eau. Badigeonner la surface avec un œuf battu en prenant soin de ne pas en faire glisser sur les côtés car le gâteau serait difficile à démouler. Faire des petites décorations à l'aide d'une fourchette ou d'un couteau, sur le dessus du gâteau et faire cuire 30 à 40 min au four, jusqu'à ce que la pâte soit ferme et sèche au toucher et qu'elle prenne une belle couleur dorée. Sortir du four et laisser dans le moule pendant 10 min avant de démouler. Faire refroidir sur une grille. Saupoudrer de sucre glace et servir.

Conseil du chef On peut aussi ajouter des fruits secs ou en boîte à la crème et tout autre alcool peut remplacer l'armagnac. (On peut aussi choisir de ne pas ajouter d'alcool.)

Techniques du chef

◆

Quenelles

Pochées dans un bouillon ou dans de l'eau, elles peuvent garnir des potages ou être servies comme plat principal.

Faire bouillir une casserole d'eau. Vérifier si les quenelles sont assez assaisonnées : plonger une cuillerée à café de la mousse dans l'eau frémissante.

L'égoutter et la couper en deux avec un couteau pour savoir si elle est cuite et la goûter.

Façonner les quenelles en prenant un peu de mousse dans une cuillère et la faire passer dans une autre cuillère. Recommencer l'opération jusqu'à ce que la quenelle soit bien lisse et ovale et qu'elle ait trois côtés.

Une fois formée, humidifier la cuillère vide et l'utiliser pour faire glisser la quenelle de l'autre cuillère dans la casserole beurrée. Répéter ainsi pour environ 12 quenelles.

Tarte Tatin

Les pommes rendent beaucoup de jus, il est donc recommandé de faire réduire la sauce avant d'ajouter la pâte.

Ajouter les pommes dans le mélange de sucre et de beurre et commencer à les disposer en suivant le pourtour du moule.

Les quartiers de pommes doivent être très serrés car ils réduisent à la cuisson. Faire cuire à feu moyen pendant 45 min en arrosant de caramel, jusqu'à ce qu'ils soient bien ramollis, d'une belle couleur brun doré et que le sirop ait réduit.

Enlever les pommes du feu et les recouvrir rapidement du disque de pâte. Avec le manche d'une cuillère, enfoncer les bords de la pâte à l'intérieur du moule.

Bouillon de bœuf

Faire rôtir les os préalablement donne une couleur dorée au bouillon et contribue à faire fondre l'excédent de graisse.

Faire rôtir 1,5 kg d'os de bœuf ou de veau 40 min au four, à 230° (thermostat 8). Ajouter un oignon coupé en quatre, 2 carottes hachées, un poireau haché et 1 branche de céleri coupée en longueur.

Verser dans une casserole propre. Ajouter 4 litres d'eau, 2 cuil. à soupe de concentré de tomates, 1 bouquet garni et 6 grains de poivre. Laisser mijoter pendant 3 à 4 heures, en remuant souvent.

Avec une louche, verser le bouillon dans un tamis placé au-dessus d'un bol. Appuyer doucement pour en extraire les particules solides. Laisser refroidir. Dégraisser. Pour environ 1,5 à 2 litres de bouillon.

Bouquet garni

Faire un bouquet garni de plusieurs herbes aromatiques pour ajouter de l'arôme et du goût à vos plats.

Envelopper une feuille de laurier, un brin de thym, des feuilles de céleri et quelques branches de persil dans le vert d'un poireau. Attacher avec une ficelle en laissant un bout dépasser afin de pouvoir l'ôter facilement du plat.

Nettoyer les moules

Les moules doivent être soigneusement nettoyées. Il faut les faire cuire le jour même où on les a achetées.

Nettoyer les moules en frottant les coquilles avec une brosse pour enlever le sable. Gratter les petites adhérences avec un couteau.

Les ébarber.

Jeter les moules cassées, celles qui ne sont pas hermétiquement fermées ou celles qui ne se ferment pas lorsqu'on les tapote car elles peuvent être toxiques.

Nettoyer les coquilles

Dégager la noix et la partie orangée de la coquille Saint-Jacques en faisant glisser la lame d'un couteau sous la chair.

Laver les coquilles Saint-Jacques pour enlever le sable. Retirer le petit muscle dur et opaque et la veine foncée qui longe la partie orange.

Les remerciements de l'éditeur et *Le Cordon Bleu* s'adressent aux 32 chefs des écoles Le Cordon Bleu, notemment à :
Chef Cliche (MOF), Chef Terrien, Chef Boucheret, Chef Duchêne (MOF), Chef Guillut, Chef Steneck, Paris ; Chef Males, Chef Walsh,
Chef Hardy, London ; Chef Chantefort, Chef Bertin, Chef Jambert, Chef Honda, Tokyo ; Chef Salembien, Chef Boutin,
Chef Harris, Sydney ; Chef Lawes, Adelaide ; Chef Guiet, Chef Denis, Ottawa.

Managing Editor: Kay Halsey
Series Concept, Design and Art Direction : Juliet Cohen

L'éditeur et *Le Cordon Bleu* remercient Carole Sweetnam pour sa contribution
à la réalisation de cette série.

Titre original : Le Cordon Bleu - Home Collection - Regional French

Photo de couverture : Bœuf bourguignon

© 1998 pour l'édition française
Könemann Verlagsgesellschaft mbH
Bonner Str. 126, D 50968 Cologne

Traduction : Marie-Christine Louis-Liversidge, Paris
Réalisation : Studio Pastre, Toulouse
Lecture : Stéphanie Aurin, Ville d'Avray
Chef de fabrication : Detlev Schaper
Impression et reliure : Sing Cheong Printing Co., Ltd.
Imprimé en Chine (Hong Kong)

ISBN 3-8290-0611-X

10 9 8 7 6 5 4 3 2 1

NOTE : Les doses indiquées en cuillère à soupe correspondent à une contenance de 20 ml. Si la cuillère à soupe a une contenance de 15 ml, la différence restera minime dans la plupart des recettes. Pour celles qui exigent de la levure chimique, gélatine, bicarbonate de soude et farine, ajouter une cuillère à café supplémentaire pour chaque cuillère à soupe mentionnée.

IMPORTANT : Les effets causés par la salmonelle peuvent être dangereux, surtout pour les personnes âgées, les femmes enceintes, les enfants en bas âge et les personnes souffrant de déficience du système immunitaire. Il est conseillé de demander l'avis d'un médecin à propos de la consommation d'œufs crus.